W0412402

La fête à la cantine

À notre Marion,
et à tous les amoureux du Japon !
M. & E. R.

www.editions-flammarion.com

Conception graphique et mise en pages : Flammarion et Marie Pécastaing
© Flammarion, 2016
Éditions Flammarion – 87, quai Panhard-et-Levassor – 75647 Paris Cedex 13
ISBN : 978-2-0813-7316-7 – N° d'édition : L.01EJEN001290.N001
Dépôt légal : novembre 2016
Imprimé en Espagne par Liberdúplex – 09-2016
Loi n° 49-956 du 16 juillet 1949 sur les publications destinées à la jeunesse.

La fête à la cantine

Texte de
Magdalena

Illustrations
d'**Emmanuel Ristord**

Castor Poche

« Aujourd'hui, c'est journée Japon,
dit Maîtresse Julie.
– Comme elle est jolie ! dit Lou.
– Comme elle est belle ! » dit Fatou.

Maîtresse Julie écrit au tableau :
« J comme Journée,
J comme Japon,
et J comme aujourd'hui, Jeudi !
– Et J comme Julie ! » dit Selma.

J comme Journée
J comme Japon
et J comme aujourd'hui,
Jeudi !

« Ce matin, on prépare la fête à la cantine.
Et ce midi, on mange japonais,
dit Maîtresse Julie.
– Youpi ! dit Selma.
– Super ! » dit Basil.

Les CP font des origamis.
Réda fait une poule et Basil un panda.
Mia dit :
« Et si on faisait des guirlandes d'origamis ? »

Quand c’est fini, Maîtresse Julie dit :
« Maintenant, décorons la cantine ! »

Tout le monde aide,
même la dame de cantine.
Elle plie les serviettes en papier.
« C'est joli ! dit Léa.
– C'est la fête ! » dit Ana.

À midi, Maîtresse Julie dit :
« Qui va manger japonais ?
– Moi, dit Léa.
– Moi, dit Noé.
– Moi, dit Ana.
– Moi, moi, moi ! » crie toute la classe.

À table, chaque élève a deux baguettes et un bol de riz.

« C'est pas facile, le riz avec des baguettes !
dit Réda, qui n'y arrive pas.
– C'est trop dur ! » dit Samir,
qui n'y arrive pas non plus.

« Et voici des sushis, des brochettes et de la soupe, dit Maîtresse Julie.
– Pour qui ? dit la dame de cantine.
– Pour nous », dit Basil.

« C'est mou ! dit Léa.
– C'est vert ! dit Ana.
– C'est froid ! » dit Noé.

« C'est pas mauvais ! dit Bob.
– C'est bon ! dit Basil.
– C'est même très bon ! »
dit Maîtresse Julie.

« Je préfère le poulet et la purée, dit Léa.
– Ou le poulet et les pâtes, dit Ana.
– Ou le poulet et les frites, dit Noé.
– On a compris ! » dit Maîtresse Julie.

« Et pour finir ce repas japonais,
on se salue : Sayônara ! dit Maîtresse Julie.
– Sayônara aussi ! » répond la classe.

Retrouve les histoires de **Je suis en CP**
pour t'accompagner tout au long de l'année !

NIVEAU 1 : PREMIER TRIMESTRE

C'est la rentrée !

Dispute à la récré

Le nouveau

C'est l'automne !

Alerte aux poux !

DÉCOUVRE DANS LA MÊME COLLECTION

6 TITRES PARUS

Jour de piscine

Lou a deux maisons

NIVEAU 2 : DEUXIÈME TRIMESTRE

5 TITRES PARUS

Les amoureux

La médaille d'or

NIVEAU 3 : TROISIÈME TRIMESTRE

DÉCOUVRE AUSSI